DIE REIHE
Archivbilder

DAS ALTE ASCHERSLEBEN

Blick auf das Zentrum der Stadt.

DIE REIHE
Archivbilder

DAS ALTE
ASCHERSLEBEN

Herbert Hans Müller

SUTTON
VERLAG

Sutton Verlag GmbH
Hochheimer Straße 59
99094 Erfurt
http://www.suttonverlag.de

ISBN 3-89702-905-7

Druck: Oaklands Book Services Ltd., Stonehouse | GL, England

Gruß aus der alten Askanierstadt Aschersleben.

Inhaltsverzeichnis

Literatur- und Bildnachweis

AUTORENKOLLEKTIV: *1.250 Jahre Aschersleben*, Aschersleben 2003.
BRINKMANN, A.: *Beschreibende Darstellung der älteren Bau- und Kunstdenkmäler der Provinz Sachsen. Die Stadt Aschersleben*, Heft XXV, Halle/Saale 1904.
DROSIHN, F.C.: *Aschersleben im neunzehnten Jahrhundert*, Aschersleben, o. J.
ERNST, ELISABETH: *Häusergeschichten aus Alt-Aschersleben*, Gießen 1974.
FRANZ, MAX: *Bilder aus der Sage und Geschichte der Stadt Aschersleben*, Quedlinburg, o. J.
MÜLLER, HERBERT HANS: *Wilhelm Schmidt – Ein Leben für die Dampfmaschine*, Quedlinburg 1998.
POLLIN, F.W.: *1.200 Jahre Aschersleben – Die Geschichte der Stadt Aschersleben*, Artikelfolge in der örtlichen Presse, Aschersleben 1953.
STRASSBURGER, PROF. DR. E.: *Geschichte der Stadt Aschersleben*, Aschersleben 1905.
NIELITZ, H.-P./BLENKE, J.: *Aschersleben wie es früher war*, Gudensberg-Gleichen 1992.

Die Bilder entstammen folgenden Sammlungen: Stadtmuseum Aschersleben, Sammlung Peter Potuschak, Sammlung Herbert Hans Müller, Sammlung H.-P. Nielitz.

Danksagung

Dieser Band „Das alte Aschersleben" ist ein Beitrag zur 740-jährigen Wiederkehr der Erlangung des Stadtrechts unserer alten ehrwürdigen Stadt Aschersleben.

Bilder stellten in dem Zusammenhang zur Verfügung: Herr Peter Potuschak, Herr Hans-Peter Nielitz, Herr Reiner Mühle und der Leiter des Stadtmuseums Aschersleben Herr Andreas Schmith. Dafür sei ihnen herzlich gedankt. Ich schließe sie in den Erfolg der vorliegenden Arbeit ein.

Dem Sutton Verlag Erfurt danke ich für die Möglichkeit, die älteste Stadt Sachsen-Anhalts einer breiten Öffentlichkeit vorstellen zu können.

Aschersleben im Jahre 2005
Herbert Hans Müller

Einleitung

Zahlreiche frühgeschichtliche Funde lassen erkennen, dass die Gegend um Aschersleben schon vor Jahrtausenden stark besiedelt war. Die Gründung unseres Ortes soll in der Zeit vom Beginn des 5. Jahrhunderts bis zur Mitte des 6. Jahrhunderts erfolgt sein. Wie die Endung „-leben" im Ortsnamen erkennen lässt, war es eine Gründung der Warnen. Der Name „Ascegereslebe" wird übersetzt als „Hinterlassenschaft des Asceger", d.h. des Waffen- oder Speerfrohen".

„Maldawin trad(idit) deo s(an)c(t)o Bon(ifacio) predium suum in Ascegereslebe cum mancipiis" (deutsch: „Maldawin überlässt Gott und dem heiligen Bonifatius seine Besitzungen in Aschersleben mit den Hörigen."). Mit diesem Eintrag im „Codex Eberhardi" durch den Abt Eberhard des Klosters Fulda taucht Aschersleben in der geschriebenen Geschichte auf. Das Datum der Stiftung wird mit 753 angenommen, denn Bonifatius starb am 5. Juni 754 und die Stiftung dürfte wohl noch zu Lebzeiten von Bonifatius erfolgt sein. Das Jahr 753 gilt somit als das Datum der Ersterwähnung Ascherslebens. Davon ausgehend feierte die Stadt Aschersleben im Jahre 2003 die 1250. Wiederkehr ihrer Ersterwähnung und wird allgemein als älteste Stadt Sachsen-Anhalts bezeichnet. Durch Übertragung des Namens „Ascegereslebe" in die lateinische Sprache entstand die Bezeichnung „Ascharia". Später entstand durch falsche Deutung das Wort „Ascania". Anfang des 11. Jahrhunderts wurden die Grafen von Ballenstedt Herren über Aschersleben. Sie bauten hier ihre Burg und nannten sich nach dem Ort „Askanier". Der bekannteste Graf von Aschersleben war Albrecht der Bär (1100–1170).

1266 erhielt Aschersleben das Stadtrecht und erwarb nach und nach viele Rechte und Freiheiten des Landesherrn. Nach dem Aussterben der Aschersleber Linie der Askanier 1315 kam Aschersleben an das Bistum Halberstadt. 1322 erteilte Elisabeth, die Witwe des letzten Aschersleber Grafen, den Bürgern das Recht, ihre Stadt mit einer starken Befestigungsanlage zu umgeben. Besonders 1440 bis 1466 entstanden die mächtigsten Wehranlagen. Nach Fertigstellung hatte die Stadtmauer eine Länge von 2,3 Kilometern, eine Höhe von acht Metern und eine Stärke von 0,8 bis einem Meter. Verstärkt wurde die Mauer durch 51 Wach- und Wehrtürme sowie durch einige halbseitig zur Stadt offene Schalen. Der Zugang zur Stadt erfolgte durch fünf Stadttore. Außerdem konnte man noch durch einige kleine Tore in die Stadt gelangen. Aschersleben gehört zu den wenigen Städten, die ihre Stadtmauer nicht vollends beseitigten, sondern über weite Strecken erhielten und noch heute liebevoll bewahren. Der 22 Meter breite und fünf bis sechs Meter tiefe Stadtgraben wurde im 19. Jahrhundert verfüllt. Rund um die noch stehende Stadtmauer wurden Promenaden angelegt. Diese Promenaden ziehen sich wie ein grünes Band der Erholung durch die Innenstadt. Sie ermöglichen einen romantischen und erholsamen Spaziergang entlang der alten Stadtmauer. Schon seit Jahrzehnten wird sehr viel Geld, Zeit und Liebe in die Sanierung der Stadtmauer investiert. Heute sind noch 15 Türme und ein Stadttor, das Johannistor, erhalten. Die Bürger der Stadt sind stolz auf ihre Stadtmauer und den sie umschließenden Promenadenring.

Im 15. Jahrhundert war die Stadt Aschersleben so gut wie reichsfrei. Sie schloss selbst Bündnisse ab und war sogar Mitglied der Hanse. Die Stadt war damals sehr reich und mächtig. Das größte und auch regionalgeschichtlich bedeutendste Ereignis des 17. Jahrhunderts war der Dreißigjährige Krieg. Er war weniger ein Krieg der beiden christlichen Konfessionen, als vielmehr ein

Kampf zwischen dem Kaiser und den um ihre Macht kämpfenden deutschen Fürsten. Letztere siegten und Deutschland zerfiel in fast 300 kleine, selbstständige Staaten und über 1.000 selbstständige Reichsritter und Reichsstädte. Beim Friedensschluss 1648 kam das Bistum Halberstadt, somit auch die Stadt Aschersleben, an Brandenburg, dem späteren Preußen.

Jahrhunderte war Aschersleben Garnisonsstadt. Preußen beteiligte sich 1792/93 am Feldzug gegen die junge französische Republik. In der Doppelschlacht bei Jena und Auerstedt am 14. Oktober 1806 wurde das preußische Heer besiegt. Im Frieden von Tilsit musste Friedrich Wilhelm III. alle Besitzungen westlich der Elbe an Napoleon I. abtreten. Aus diesen Landesteilen bildete man den Staat Westfalen. König wurde der jüngste Bruder Napoleons, Jérôme Bonaparte. Aus dem Bürgermeister wurde nun ein „Maire" und Aschersleben eine Stadt im Königreich Westfalen. Trotz der Einführung vieler fortschrittlicher Gesetze, z. B. des Zivilgesetzbuches „Code Napoleon", blieb es doch eine Fremdherrschaft.

1812 marschierten die Heere Napoleons gegen Russland und das hiesige Kürassierregiment musste mitmarschieren. Nach Napoleons Niederlage in Russland erhielten die nationalen Bewegungen gegen die französische Fremdherrschaft einen mächtigen Auftrieb. Nach dem Sieg der gegen Napoleon verbündeten Heere bei Leipzig wurde das Gebiet um Aschersleben am 4. November 1813 wieder preußisch. Für unsere Stadt folgte nun eine Epoche des wirtschaftlichen Aufschwungs. Bis Mitte des 19. Jahrhunderts war Aschersleben geprägt vom Handel, dem Handwerk und insbesondere von der Landwirtschaft. Der Eisenbahnanschluss im Jahre 1865 führte auch für unsere Stadt zu großem wirtschaftlichen Aufschwung und zu einem Strukturwandel. Es entwickelte sich die Zuckerrübenindustrie, der Braunkohle- und Kalibergbau, die Papierindustrie und der Maschinenbau. Die kleine Ackerbürgerstadt begann sich in eine mittelgroße Industriestadt zu verwandeln. Die Einwohnerzahl verdreifachte sich in diesem Jahrhundert von 9.423 im Jahre 1835 auf 27.878 im Jahre 1905. An dieser Stelle sollte noch erwähnt werden, dass Aschersleben von 1901 bis 1948 eine kreisfreie Stadt war.

Eine Vielzahl von Dörfern umgab die Stadt. Viele sind im Laufe der Geschichte wüst geworden und heute nur noch als Flurnamen in unserer Erinnerung: Zornitz, Zapitz und Seedorf im Norden, Dalldorf im Süden und Badenstedt, Badeborn und Fallersleben im Osten von Aschersleben. Es ist abwegig zu glauben, dass diese Dörfer im Ergebnis des Bauernkrieges (1525) oder des Dreißigjährigen Krieges (1618-1648) wüst geworden wären. Schon im so genannten Burgkaufbrief aus dem Jahre 1443 werden einige von ihnen als wüst bezeichnet. Es waren häufig wirtschaftliche Gründe, die viele Bewohner der Dörfer veranlassten, in die Stadt zu ziehen – nach dem Motto „Stadtluft macht frei!" Durch den Zuzug vieler Menschen machte sich bald ein empfindlicher Raummangel in der Stadt bemerkbar, bisher freie Plätze wurden bebaut. Dies betraf zum Beispiel den Platz zwischen Vorder- und Hinterbreite und weite Teile des Stephanikirchhofes. Bald reichte der Platz innerhalb der Stadtmauer nicht mehr aus und die Neubürger siedelten sich außerhalb derselben an. So entstanden „vor der Stadt" die Vorstädte. Die älteste Vorstadt ist die um 1200 entstandene Neustadt (Lange Reihe, Karlstraße, Hinter dem Zoll u. a.). Es folgten dann im Süden die Wassertor-Vorstadt (Kiethof, Über dem Wasser, Vor dem Wassertor u. a.), im Osten die Liebenwahn'sche Vorstadt (Bonifatiuskirchhof, Liebenwahn'scher Plan, Wilhelmstraße, Lindenstraße, Worthstraße u. a.) und schließlich im Norden die Johannis-Vorstadt. Der Erste Weltkrieg und dessen Folgen beherrschten auch das Leben der Bürger unserer Stadt. 1.000 Männer sind auf den verschiedenen Kriegsschauplätzen gefallen.

Die Zeit der Weimarer Republik (1920 bis 1924) war besonders durch wirtschaftliche Rezession und Inflation gekennzeichnet. Die politischen Auseinandersetzungen wurden fortgeführt. Auch in Aschersleben führte die soziale Not in den Jahren 1918 bis 1920 zu revolutionären Bestrebungen. Ende der 1920er-Jahre war besonders die NSDAP propagandistisch sehr aktiv. 1933 erfolgte die Machtübernahme der NSDAP, Hitler wurde Reichskanzler. Es begann die 12-jährige Gewaltherrschaft der Nationalsozialisten, die Vorbereitung und der Beginn des Zweiten Weltkrieges, dessen Folgen auch für Aschersleben verheerend waren.

1

Vorgeschichte

Auf einer künstlichen, aus Asche, Steinen und Erde bestehenden Anhöhe an der Straße von Aschersleben nach Groß Schierstedt, an der Schnittstelle dreier alter Handelswege, steht ein Quarzfindling von 2,9 Metern Länge, zwei Metern Breite und 30 Zentimetern Stärke. 1,8 Meter ragt er aus der Erde heraus, die Breitseiten sind nach Osten und Westen gerichtet. Wegen seiner Form wird er allgemein Speckseite genannt. Ein alter Aberglaube besagt, dass der Stein bei Gewitter weich wird. Die geängstigten Menschen schlugen dann zur Besänftigung des Gottes Donar Nägel in den Stein. Heute noch kann man viele dieser Nägel sehen.

Mit dem Beginn des ersten Jahrtausends v. u. Z. begann die Besiedlung unserer Gegend durch die Germanen. Sie verbrannten ihre Leichen und bestatteten sie in Urnen, die die Form eines Hauses hatten. Diese Hausurnenkultur konnte durch mehrere Grabungen in unserer Gegend nachgewiesen werden.

Vielfach findet man an Wegen und Straßen steinerne Kreuze. In der Regel sind es Mahnmale, auch Sühnesteine genannt, die an einen Mord erinnern sollen. An der Mehringer Straße befinden sich diese zwei Kreuze, die ursprünglich nicht nebeneinander gestanden haben. Über das größere Kreuz sagt die Sage, dass ein Glockengießer seinen ältesten Gesellen wegen Ungehorsams erschlagen haben soll. Der kleine Stein soll daran erinnern, dass zwei Schäfer wegen Benutzung der Weide in Streit gerieten, wobei der eine den anderen erschlug.

Unweit der Stadt Aschersleben, am Feldweg zwischen Westdorf und Ermsleben, befindet sich ebenfalls ein Steinkreuz. An dieser Stelle soll der Ritter Egino von der Konradsburg den Großvater Albrechts des Bären, Adalbert von Ballenstedt, meuchlings ermordet haben.

Auf Grund von Erbstreitigkeiten und nicht erfüllten Gebietsansprüchen kam es zwischen den Landesherren häufig zu blutigen Fehden. Als der deutsche König Lothar die erledigte Nordmark (heute Altmark) nach dem Tode des Markgrafen Heinrich II. im Jahr 1128 an Udo von Freckleben aus dem Hause Stade verlieh, kam es zwischen Albrecht dem Bären und Udo von Freckleben zum offenen Kampf. Udo wurde am 15. März 1130 vor den Mauern der Stadt Aschersleben von Albrecht erschlagen. Im Garten eines Grundstückes in der Lindenstraße befindet sich heute noch das Sühnekreuz, welches an die Mordtat erinnert.

Wenn Aschersleber Familien sonntags hinaus ins Grüne gehen, dann gehen sie auf die Alte Burg. Damit wird ein südlich der Stadt auf einem Berg gelegenes Waldgebiet mit einem noch erhaltenen Rest eines gewaltigen Turmes bezeichnet. Dieser Turm war einst Zentrum einer frühgeschichtlichen Fliehburg, von der noch heute Wall und Gräben sichtbar sind. Der Turm hat einen Durchmesser von 14,2 Metern, der Innenraum von 7,2 Metern.

Rings um die Stadt standen zum Schutz elf Warten, welche die Bewohner vor plötzlichen Überfällen durch feindliche Streitkräfte schützten. Vier Warten sind noch heute erhalten. Eine davon ist die auch Pulver- oder Hexenturm genannte, auf der Alten Burg stehende Westdorfer Warte.

2

Die Stadt im Wandel

Die Stadt Aschersleben liegt im östlichen Harzvorland im Tal des kleinen Harzflüsschens Eine. Der bewaldete Höhenzug des Burgberges und viele Gartenanlagen umgeben die Stadt wie ein grüner Gürtel. Auch die vielen gepflegten Grünanlagen und Parks mitten in der Stadt zeugen von der Liebe der Bürger zur Natur. Die alte Ansicht zeigt die malerische Lage unserer alten ehrwürdigen und schönen Stadt.

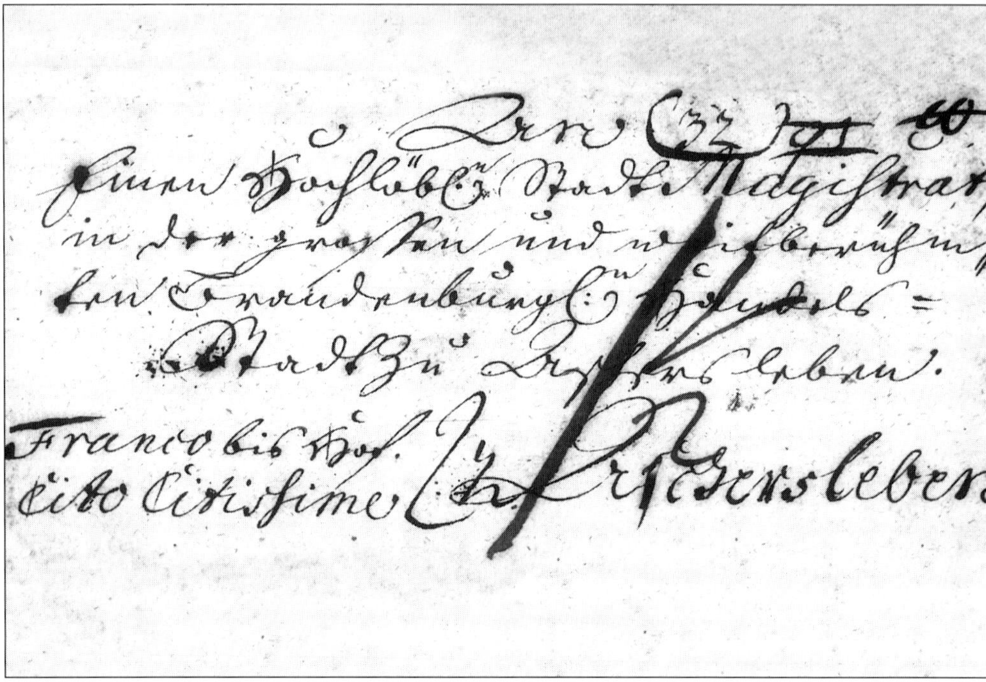

Zwei Briefe aus dem 18. Jahrhundert – in der damals üblichen blumenreichen Sprache für die Anrede – an den Magistrat der Stadt Aschersleben lassen die damalige große Bedeutung der Stadt erkennen. „An einen hochlöblichen Stadt-Magistrat, in der großen und weitberühmten Brandenburglichen Handelsstadt zu Aschersleben" und „An einen hochlöblichen Stadt-Magistrat, in der berühmten großen Hauptstadt Aschersleben."

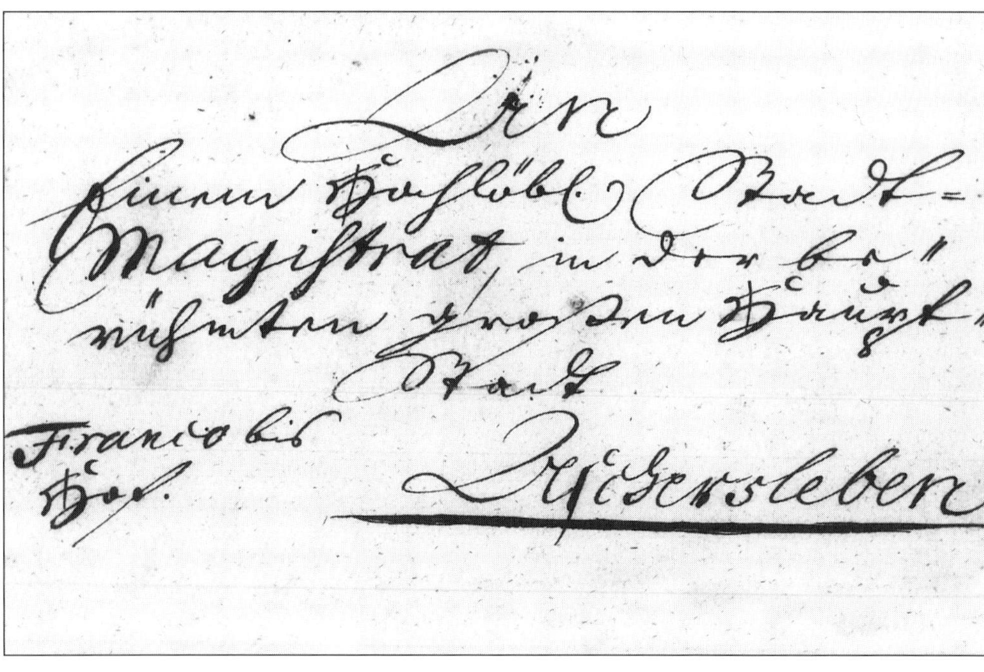

In der Breiten Straße stand das erste nachweisbare Rathaus der Stadt. Es wird auch als Gewand- und Brauhaus bezeichnet. Das jetzt dort stehende Gebäude, ein Kaufhaus, stammt aus der Gründerzeit um das Jahr 1875. An einem Seitenflügel befand sich über der Tür zum Stephanikirchhof die älteste Darstellung des Ratswappens aus Sandstein aus dem 15. Jahrhundert. Heute kann man den Wappenstein im Schaufenster des Kaufhauses betrachten.

Im Jahr 1266 verlieh Heinrich II., Herr der Grafschaft Ascharien (Aschersleben), den Bürgern der Stadt Aschersleben das Stadtrecht. 1517 soll mit dem Bau des neuen Rathauses am jetzigen Standort begonnen worden sein. Baumeister war Lüdecke Bühring, unterstützt vom Steinmetz Heinrich Wilde.

Die Rathausuhr mit den zwei Ziegenböcken stammt vermutlich aus dem Jahre 1580 und wird zu den sieben Wunderwerken der Stadt Aschersleben gezählt. Die schwarzgoldene Kugel über dem Zifferblatt zeigt die Mondphasen an. Die zwei vergoldeten Ziegenböcke stoßen beim Schlagen der Uhr zur vollen Stunde jedes Mal so oft mit den Köpfen zusammen, wie die Stundenzahl angezeigt wird.

Kleiner Sitzungssaal nach dem Umbau des Rathauses, 1885.

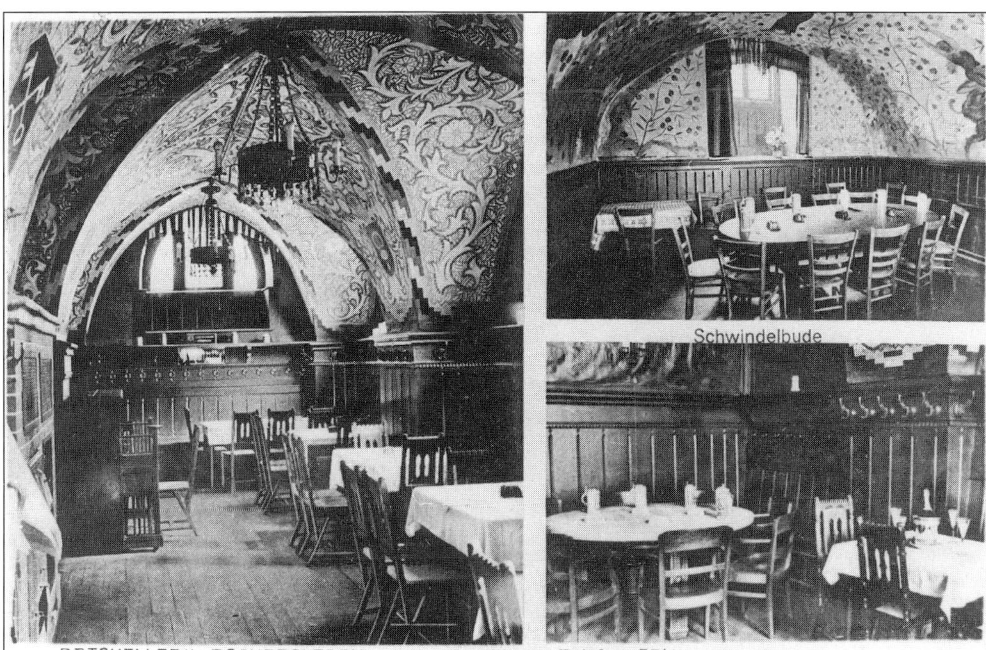

Im Rathaus gibt es einen sehr romantischen und urgemütlichen Ratskeller.

Unter der Leitung von Stadtbaurat Dr. Heckner wurden 1935 einige Gebäude am Markt abgerissen und das Rathaus erhielt einen Erweiterungsbau mit einem wunderschönen, gebäudeprägenden Giebel. Dieser ist ein Schmuckstück und legt Zeugnis ab von der großen Baukunst Heckners.

Der Verschönerungsverein ließ 1906 auf dem Markt einen Brunnen errichten, den der Dresdner Bildhauer Prof. Wrba schuf. Genannt wurde er Hennebrunnen, nach dem Ratsherren Henne, der dem Verein Geld für die Verschönerung der Stadt stiftete.

Marktplatz mit Blick zur Marktkirche, im Vordergrund der Hennebrunnen.

Marktplatz mit Blick zur Taubenstraße und Stephanikirche.

Die auch Marktkirche genannte reformierte Kirche wurde um 1280 als Franziskaner-Klosterkirche erbaut. Als die Bettelmönche 1524 Aschersleben verließen, benutzte die Stadt sie als Getreidespeicher und Schuppen für Feuerwehrgeräte. Ende des 17. Jahrhunderts wurde sie wiederhergestellt und diente den reformierten und lutherischen Bürgern als Kirche. Auch für die in Aschersleben stationierten Kürassiere war sie Garnisonskirche.

Die Karte erlaubt einen Blick in das Innere der Marktkirche. Interessant für alte Aschersleber ist die Beschriftung mit Signatur des sehr bekannten Pastors Krause.

Der Tie ist eine der ältesten und interessantesten Straßen unserer Stadt. Die Pferdegespanne zeigen, dass hier einige Ackerbürgerhäuser standen. 1467 nannte man die Straße Auf dem Tyge, 1798 Auf dem Tiege. „Tyg“ oder „Tieg“ stammt von dem Wort Thing ab. Hier wurde also früher der Thing, eine alte germanische Stammesversammlung abgehalten, es wurden Rechtsfälle behandelt und entschieden.

Am Haus Tie 22 fällt besonders der in Steinmetzarbeit ausgeführte Torbogen auf. Die Buchstaben „S H“ und die Jahreszahl 1594 weisen auf den Ratsherrn Samuel Herwig hin, der das Haus im Jahre 1594 erbaute. 1662 befand sich im Gebäude der Gasthof „Zur goldenen Sonne“. 1688/89 wird als Nachfolger der Ratsherr Valentin Mertens als „kurfürstlich brandenburgischer Postmeister in der goldenen Sonne auf dem Tie“ genannt. Es war also ein Posthaus.

An der Ecke Tie / Hohe Straße befindet sich das Gebäude der ehemaligen Kommandantur des 6. Kürassierregiments. Chef des Regiments war von 1787 bis 1794 der Herzog Karl August von Weimar. Johann Wolfgang von Goethe war ein enger Freund des Herzogs und befand sich mehrmals in Aschersleben. Eine Gedenktafel erinnert an ihn. Viele Jahre waltete hier Gustav Bode als Gastwirt. Alten Ascherslebern ist sicher noch der Werbespruch bekannt: „Es ist nun mal so Mode, ein Doppelter bei Bode!“

In der Verlängerung des Tie sehen wir den schönsten Renaissancebau unserer Stadt: das Krukmann'sche Haus, auch Schnock'sches Haus genannt. Der Kaufmann Hermann Krukmann hatte es nach seiner glücklichen Heimkehr von einer Reise nach Moskau errichten lassen. Eine Inschrift über dem Hauptportal nennt das Jahr 1572. 1625/26 soll Wallenstein in diesem Haus gewohnt haben. Offensichtlich hat vorher schon ein älteres Gebäude an dieser Stelle gestanden. Es heißt, dass Elisabeth, die Witwe des 1315 verstorbenen letzten Aschersleber Grafen Otto II., hier gewohnt haben soll. Die Detailaufnahme zeigt den Treppenturm auf der Hofseite des Gebäudes.

Im Zentrum der Stadt liegt als Verbindungsstraße zwischen Markt und Holzmarkt die Taubenstraße. Im Mittelalter hieß sie Dowen Strate oder Doven Straten, um 1700 noch Taube Straße. Ihren Namen verdankt sie sicher dem Umstand, dass es eine Sackgasse, eine tote, also eine „taube“ Straße war.

Auf dem Bild sind die ehemaligen Häuser Holzmarkt 1 und 2 zu sehen. Beide Gebäude wurden im Rahmen der Gestaltung der Poststraße (jetzt Hecknerstraße) nach den Plänen Heckners abgerissen. Damit wurde ein direkter Weg vom Zentrum der Stadt zur Post und zum Bahnhof geschaffen.

Die Mauerstraße bildet die südwestlichste Ecke des Weinberges. Bis 1890 hieß sie Eselgasse. Diesen Namen erhielt sie wohl deshalb, weil die Esel von hier aus täglich den Weg zur nahe gelegenen Weinbergmühle genommen haben. Der Name Mauerstraße rührt von der Tatsache her, dass die Gasse mit ihrem südlichen Ende an die Stadtmauer stößt und hier endet.

Die Badergasse soll schon um 1000 bis 1100 entstanden sein. 1765 trug sie den Namen Für den alten Stowen (Stuben). Die Straße lag am Rande der Stadt, direkt hinter der Stadtmauer, denn die hier wohnenden und arbeitenden Bader (Barbiere) galten als unehrlich. Die Straßenbebauung wurde zwischen 1920 und 1926 abgerissen.

Am südlichen Ende war die Badergasse vom Dammtor abgeschlossen. Die Bilder zeigen das Dammtor von der Außenseite und von der Stadtseite aus. Das Tor wurde um 1900 abgerissen.

Mitten in der Altstadt gibt es einen dreieckigen Platz, den Weinberg. Er zählt mit zu den ältesten Stadtteilen. Zur Zeit Albrechts des Bären (1100–1170) wird er als „Wegenberg zur Gerichtsstätte des festen Hauses", also der Burg, bezeichnet. Der heutige Name entstand durch sprachliche Abschleifung. Mit dem Anbau von Weinreben hat dieser Weinberg nichts zu tun.

Die Straße Jüdendorf soll die erste Erweiterung der alten Siedlung Aschersleben gewesen sein. Im Mittelalter war sie an beiden Seiten durch Tore gesichert und bildete ein Getto. Man nannte die Straße Judendorp oder Jodendorp, was darauf hinweist, dass hier die Wohnstätten der Juden waren. 1364 erwarb der Aschersleber Rat vom Halberstädter Bischof das Jüdendorf sowie die Hoheit über die Juden gegen ein Unterpfand von 80 Mark Silber.

Der Zippelmarkt liegt ebenfalls im ältesten Teil der Stadt. Den Namen hat er wahrscheinlich von seiner Form, denn er läuft in verschiedene Zipfel aus.

Der Burgplatz verdankt seinen Namen der Tatsache, dass an dieser Stelle die Burg der Grafen von Aschersleben, der Askanier, gestanden haben soll. Vorgefundene Grundmauern erhärten diese Annahme. In den kriegerischen Zeiten des 12. Jahrhunderts ließ der Erzbischof von Magdeburg sowohl die Burg als auch die Stadt schleifen, 1894 wurden das Militärlazarett (später Kreisgericht, heute Polizeikreisamt) und 1896 das gegenüberliegende Lyzeum (heute Burgschule) gebaut.

Der Kiethof ist ein Teil der Wassertorvorstadt, der ältesten Vorstadt Ascherslebens. Wahrscheinlich schon im 7. Jahrhundert gegründet, war er der „Kietz“, die Niederlassung wendischer Fischer. Die heute dort stehenden kleinen Häuser stammen aus dem 18. und 19. Jahrhundert. Der Kiethof ist eine der romantischsten Wohnstätten in der Stadt. Oft von Malern festgehalten, wird er auch als Malerwinkel bezeichnet.

Bonifatius führte im Schwabengau, also auch in Aschersleben, das Christentum ein. Bis zum Jahre 827 wurden durch den Bischof von Halberstadt 35 Archidiakonatskirchen dem Schutzheiligen St. Stephanus geweiht. Eine davon war die Hauptkirche in Aschersleben. Ihre Entstehung muss also vor 827 angenommen werden. Das erste Kirchengebäude war wohl aus Holz und befand sich offenkundig im ältesten Teil der Stadt, nahe der gräflichen Burg. Nachdem diese Holzkirche abgebrannt war, wurde um 1100 eine neue, steinerne am heutigen Standort erbaut. Ein nachweisbarer Überrest dieser romanischen Kirche ist leider nicht mehr vorhanden. Die neue gotische Kirche wurde um die alte herum gebaut und anschließend riss man die alte ab. Auf dem Bild ist deutlich zu erkennen, dass der Nordturm nicht vollendet werden konnte. Die Fundamente waren offensichtlich den ungeheuren Steinmassen nicht gewachsen. Es bestand die Gefahr des Einsturzes.

Durch die nachträgliche Bebauung des Stephanikirchhofes entstanden auch die zwei Gassen Großer Halken und Kleiner Halken. Hier hatten die Gewandschneider ihre Verkaufshallen (Niederdeutsch: Halleken oder Hallachen).

Vor der Bebauung war das Gelände der jetzigen Straße Teil des Stephanikirchhofes. Durch den Bau der Häuser entstand die Straße Op dem Beckersteige oder Uff dem Beckersteige. Hier wohnten und arbeiteten die Bäcker der Stadt. Nachdem 1469 der Turm der Stephanikirche gebaut wurde, bürgerte sich der Name Jegen deme byen Torme, später Hinter dem Turm, ein.

In der engen Gasse zwischen dem Stephanikirchhof und der Breiten Straße hat sich noch bis heute ein Teil des alten Scharren erhalten. 1724 wurde hier eine Fleischerbude eingerichtet. Noch im 19. Jahrhundert verkauften hier die Fleischer ihre Waren. Das mittelhochdeutsche Wort Scharren bedeutet Fleischbank.

Die Breite Straße ist eine der bekanntesten Straßen der Stadt. Entstanden ist sie ebenfalls durch die nachträgliche Bebauung des Stephanikirchhofes. Die Straße entwickelte sich im Laufe der Jahrhunderte zur Hauptgeschäftsstraße und zur Flaniermeile der Stadt.

Im 15. Jahrhundert erweiterte sich die Stadt nach Osten. Da die alten Badestuben in der Badergasse den Anforderungen nicht mehr genügten, entstanden sie 1467 an einem neuen Standort, natürlich wieder am Rande der Stadt, direkt neben der Stadtmauer. Am neuen Standort wurden den Gästen außer der Tätigkeit des Baders auch Getränke und Speisen angeboten. Auch Prostitution wurde hier betrieben. Die Straße Badstuben hieß Vor deme neyen Stowen.

Die Straße Bonifatiuskirchhof leitet ihren Namen vom heiligen Bonifatius ab. Jahrhunderte soll sich in dieser Straße die Abundikirche befunden haben. Bis Ende des 17./Anfang des 18. Jahrhunderts hieß die Straße noch Abundikirchhof.

Die gewaltigste Befestigungsanlage im Stadtmauerring ist das Rundteil, auch Rondell genannt. Es wurde von 1505 bis 1583 mit 3,7 bis vier Meter starken Mauern gebaut. Auf zwei Verteidigungsebenen konnten zehn schwere Geschütze platziert werden. Im Jahre 1846 wurde ein Fachwerkaufsatz mit dem steilen Ziegeldach errichtet. Während hier früher mit Webstühlen Tuche für die preußische Armee hergestellt wurden, waren die Räume viele Jahrzehnte Wohnungen. Das Rundteil steht auf gewaltigen Fundamenten.

Der Johannistorturm von der Straße Hinterbreite aus gesehen. Das Johannistor mit Turm ist das einzige noch erhaltene Stadttor. Durch seine Höhe mit Haube von 42 Metern ist der 1380 erbaute Johannistorturm der größte und mächtigste. Die Häuser rechts neben dem Turm wurden an der Stelle erbaut, an der sich die Stadtmauer befand. Schon vor Jahren wurden sie abgerissen.

Im Haus gegenüber dem Johannistorturm befand sich das ehemalige, bei Frauen sehr beliebte Modewarengeschäft Götze, ehemals Krause. Links sieht man noch einen Teil der ehemaligen Buchhandlung Tappert. Durch Abriss in den Sechzigerjahren des 20. Jahrhunderts entstand hier ein größerer freier Platz.

Von der Hohen Straße kommend befindet sich am Beginn der Luisenpromenade eine viereckige Wehrschale mit stadtseitig offenem Turm. Der Zwinger erstreckt sich bis zur Luisenschule. Diese Anlage entstand 1442. Die Wehrschale wird nach einem Pächter auch Bühring'scher Turm genannt.

Vor dem ehemaligen Polizeigefängnis befindet sich ein sehr beeindruckendes Ensemble der Stadtbefestigungsanlage. Die große 1461 erbaute Rundschale hat einen Durchmesser von 7,2 Metern, eine Mauerstärke von 1,25 Metern und eine Höhe von zwölf Metern.

Eines der fünf Haupttore der Stadt war das Liebenwahn'sche Tor. Um die Stadt weiter zu öffnen, wurde es schon 1831 abgerissen. Der noch heute stehende Torturm, Liebenwahn'scher Turm genannt, wurde 1442 errichtet. Mit 20 Mann Besatzung war er einer der feuerstärksten im Verteidigungsring. Seine Höhe beträgt mit Spitze 27,5 Meter bei einer Mauerstärke von 1,7 Metern. Interessant auf dem Foto ist das alte am Turm angebaute Haus, ein Vorgängerbau des heutigen Gebäudes, vielen als das Haus mit dem Schreibwarengeschäft Haase bekannt.

Der Apothekergraben gehört zum Promenadenring und war Teil des Stadtgrabens. Seinen Namen verdankt er der Tatsache, dass der Ratsapotheker hier früher die benötigten Heilpflanzen anbaute. 1725 bis 1900 haben die Tuchmacher an diesem Ort ihre Rahmen zum Trocknen der gefertigten Tuche aufgestellt.

Besucher unserer alten und schönen Stadt sollten nicht versäumen, einen erholsamen Spaziergang durch den etwa 2,3 Kilometer langen Promenadenring entlang der Stadtmauer zu unternehmen. 1867 wurde damit begonnen, die 22 Meter breiten und fünf bis sechs Meter tiefen Stadtgräben zuzuschütten und einen Promenadenring zu schaffen. Die Johannispromenade verdeutlicht eindrucksvoll die Schönheit und Erholsamkeit eines Promenadenspaziergangs.

Alter und seltener Baumbestand, die gut erhaltene Stadtmauer und idyllisch gelegene Gebäude erfreuen jeden Spaziergänger.

Auf dem Gebiet des ehemaligen Zisterzienser-Nonnenklosters wurden nach Niedergang des Klosters einige kleine Häuser erbaut, der Klosterhof. In manchen der Häuser befinden sich noch heute Reste der Klosterbauten. Das Kloster wurde im Bauernkrieg zerstört.

Das Elisabethhospital wurde 1408 als Hospital vom nahe gelegenen Nonnenkloster St. Marien gestiftet. In der auf dem Bild gezeigten Form erbaute man es 1869.

Unter dem 24. September 1599 ist im Register der St.-Stephani-Gemeinde zu Aschersleben die Taufe des Adam Ölschläger verzeichnet. Das Bild rechts zeigt sein Geburtshaus in Aschersleben, Vorderbreite 3. Ölschläger war der Sohn eines Schneiders und einer Wollspinnerin. Er besuchte das Stephaneum, studierte dann an der Universität zu Leipzig Theologie und betrieb nebenbei noch philosophische, mathematische und physikalische Studien. 1627 beendete er seine Ausbildung als Assessor an der Philosophischen Fakultät. Dem Zeitgeist folgend nannte er sich latinisiert Adam Olearius. Er war ein bedeutender Gelehrter, Wissenschaftler und Reisender des 17. Jahrhunderts. Er starb am 22. Februar 1671 in Schleswig.

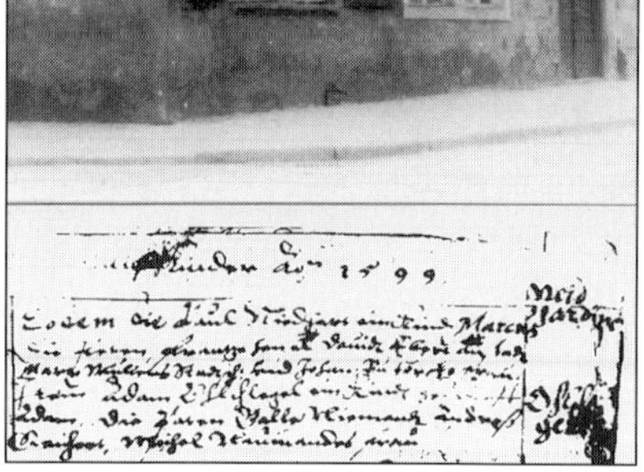

Die Straße Vor dem Johannistor war Hauptstraße der sich im 15. Jahrhundert vor der Stadtmauer entwickelnden Johannisvorstadt und Hauptverbindungsstraße zur Stadt durch das Johannistor. Mit Ausweitung der Stadt entwickelte sie sich zu einer Geschäftsstraße.

Vor dem Johannistor mündet auf den Johannisplatz, früher Moltkeplatz. In der Mitte des Platzes befand sich eine kleine grüne Oase. Links im Hintergrund der alte Gasthof „Zur weißen Taube“.

Direkt zur Burg führte die Straße Über den Steinen. Am oberen Ende der Straße in Burgnähe war früher ein größerer, freier Platz, auf dem die Gerichtssteine lagen. Hier hielt, nach einer Urkunde aus dem Jahre 1147, Albrecht der Bär den Landtag ab.

Typischer Hinterhof eines Ackerbürgergrundstücks.

1372 kaufte der Rat der Stadt Aschersleben von den Marschällen Gebrüder Hans und Bosse den freien Hof und ließ ihn abreißen. 1436 wurde durch Einebnung ein großer Platz geschaffen. Die Marschälle wurden oft als Herren bezeichnet. Daher sicher auch der Name Herrenbreite. Die große Grasfläche wurde in einen Exerzierplatz für das in der Stadt liegende Kavallerie-Regiment umgewandelt, daher nannte man den Platz auch Marsfeld. 1722 wurde hier eine Reitbahn angelegt. Sie diente den Herren vom Militär sowie den Herren der Stadt für ihre Ausritte. Die jetzige Form und Größe erhielt der Platz erst mit der Randbebauung. Ursprünglich war er noch viel größer.

Für die Kinder und Jugendlichen der Stadt war die Herrenbreite ein beliebter Spielplatz.

Die Margarethenkirche liegt in der Aschersleber Neustadt und steht auf einem frühhistorisch bedeutsamen Hügel. Sie ist etwa um 1100 erbaut und 1303 erstmals urkundlich erwähnt worden.

Die Sonnenuhr mit der Datierung 1567 befindet sich an der Südseite der Margarethenkirche.

Durch den Bevölkerungszuwachs im 19. Jahrhundert wurde der Bau neuer Wohnungen dringend notwendig. So entstanden die Wilhelm- und die Heinrichstraße. Beide Straßen erhielten, wie in wilhelminischer Zeit üblich, die Namen deutscher Fürsten und Kaiser.

Die Bahnhofstraße entstand mit dem Anschluss Aschersleben 1865 an das deutsche Eisenbahnnetz und dem Bau des Bahnhofs. Sie beginnt am Johannisplatz und mündet in die Lindenstraße, kurz vor der Chaussee nach Groß Schierstedt. Rechts sieht man das schon 1831 erbaute „Hotel Stadt Leipzig".

Mit dem Beginn der Industrialisierung in unserer Stadt ergab sich die Notwendigkeit, immer mehr Arbeiter in der Stadt anzusiedeln. So entstand auch das Stadtviertel nördlich der Eisenbahn. Hauptverkehrsstraße dieses Viertels ist die Staßfurter Höhe. Hier wurden auch Bergleute der Kaliwerke angesiedelt. Im Bild eines der letzten noch vorhandenen Bergmannshäuser, Staßfurter Höhe 14.

Um 1900 entstand die Worthstraße. Hier baute man reine Bürgerhäuser mit vielen schmückenden Details, bspw. Elementen des Jugendstils.

Am 24. November 1878 kam in Vötting/Oberbayern Johann Evangelist Heckner zur Welt. Von 1899 bis 1903 studierte Hans Heckner an der Technischen Universität München Architektur. Von 1906 bis 1948 wirkte der Architekt Dr. Hans Heckner als Stadtbaumeister, Stadtbaurat und Privatarchitekt in Aschersleben. Mit seinem Wirken prägte er die Architektur und die städtebauliche Entwicklung der Stadt maßgeblich. Er gestaltete nicht nur Gebäude, sondern bezog auch die Freiräume, das Umfeld, in seine gestalterischen Ideen mit ein. Neben den großen Aufgaben, wie Gestaltung von Wohnhäusern, Kaufhäusern, Schulen, Turnhallen und Fabrikgebäuden, fanden auch die kleinen, eher unbedeutenden Bauten wie Garagen, Bedürfnisanstalten, Transformatorenhäuschen und Erfrischungspavillons seine volle künstlerische Aufmerksamkeit. Heckner gilt als bedeutender Vertreter einer neuen Fabrikarchitektur. Am 4. Januar 1949 starb er in Aschersleben und wurde auf dem Friedhof seiner Wahlheimat beigesetzt – in der von ihm selbst entworfenen Grabstätte der Familie Heckner.

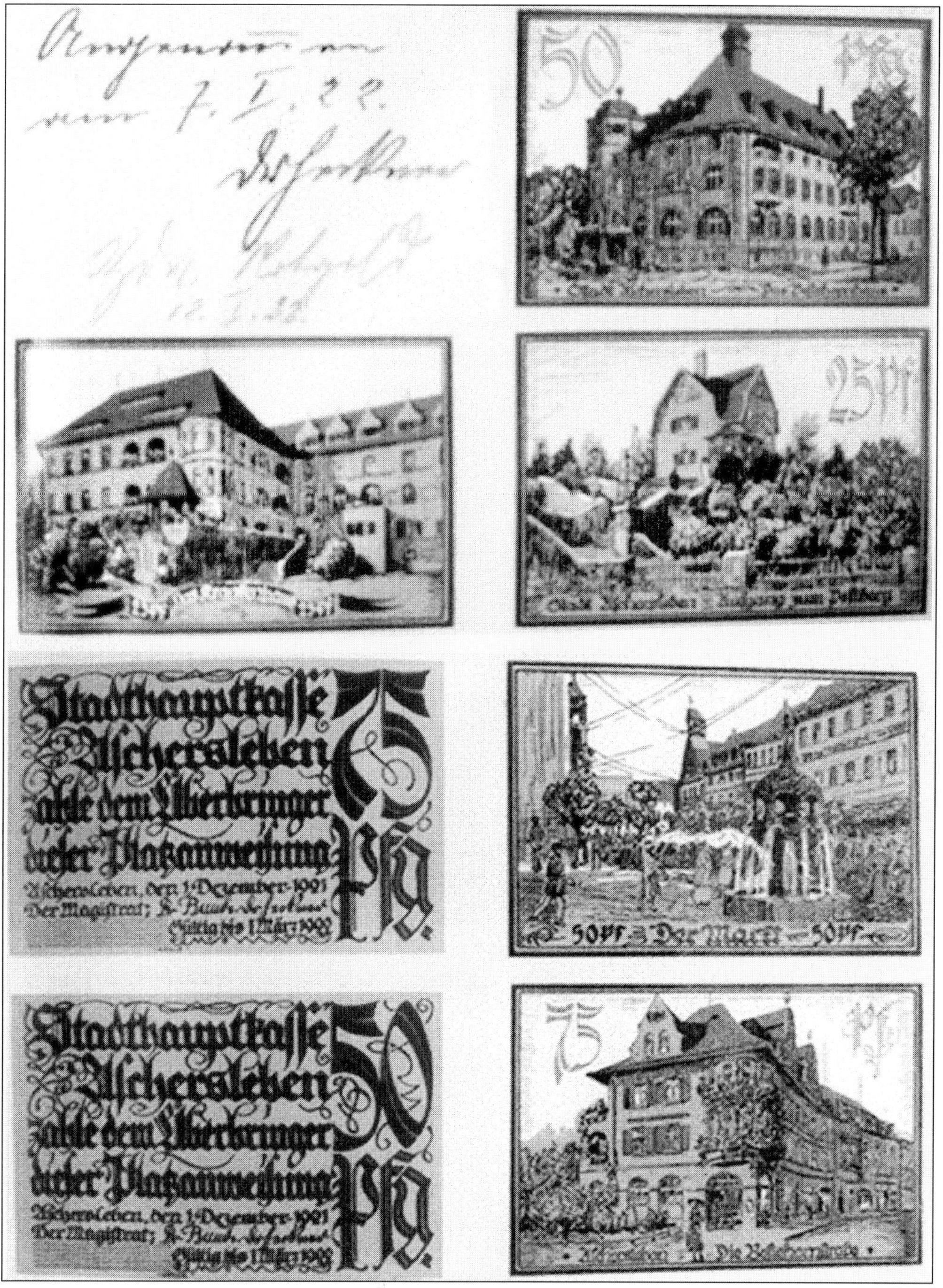

In den Jahren 1917 bis 1923 wurde auch vom Magistrat der Stadt Aschersleben Notgeld ausgegeben. Dabei sind auch einige künstlerisch anspruchsvolle und für die Heimatgeschichte wertvolle Scheine. Der hier gezeigte Vorlagebogen mit Probedrucken zur Abnahme durch den Magistrat, vertreten durch Dr. Heckner, zeigt schöne Stadtansichten. Viele der dargestellten Gebäude sind von Stadtbaurat Dr. Hans Heckner entworfen und unter seiner Leitung gebaut oder erweitert worden. Gezeichnet hat die Bilder der Ehrenbürger unserer Stadt Walter Buhe.

Einer der schönsten von Heckner entworfenen Bauten für unsere Stadt ist das Krankenhaus. Es wurde von 1910 bis 1912 unter der Anleitung Heckners errichtet und liegt westlich der Stadt auf dem Wolfsberg, einem Ausläufer der Hochfläche der Alten Burg. Entgegen damaliger Bauweise für Krankenhäuser ist laut Heckner „... das ganze Bauprogramm über einem Fundament und unter einem Dach entwickelt."

1908 stiftete die Familie Bestehorn der Stadt Aschersleben ein Haus als gesellschaftlichen und kulturellen Treffpunkt mit großem Saal, kleineren Gesellschaftsräumen und einem schönen Café und Restaurant. Geschaffen haben es die Architekten Beck und Hornberger.

1938 wurde das Bühnenhaus durch Stadtbaurat Dr. Heckner erweitert. Dabei schuf er den herrlichen Ostgiebel.

Am Markt errichtete Heckner 1914 das repräsentative Kaufhaus Rahmlow & Kressmann (heute Elka-Kaufhaus). Auch hier die typisch Heckner'sche Form der Dachfenster.

Das von Heckner 1929 erbaute Invalidenheim an der Askanierstraße befindet sich am Anfang des Stephansparks, eines Teils des Waldgebietes Auf der alten Burg. Es zeichnet sich durch eine strenge und sachliche Architektur aus. Der Innenhof besticht durch seine ruhige, stille und reizvolle Atmosphäre.

Der Erfrischungspavillon auf der Herrenbreite und der Pavillon im Hof des Invalidenheimes sind Beispiele dafür, wie Dr. Heckner auch die kleineren, nicht so bedeutenden Bauten in seine künstlerische Arbeit einbezog.

Der Stadtbaurat Dr. Heckner hat den Reichtum der Familie Bestehorn und die Bedeutung der Firma HCB äußerlich durch die Architektur des Fabrikgebäudes in der Wilhelmstraße zum Ausdruck gebracht. Das 1910 erbaute Hauptgebäude mit dem Dreibogentor galt auf Grund der städtebaulichen Qualität als Beispiel moderner Industriearchitektur. Besonders interessant ist die Gestaltung eines Wasserbehälters als Turm und Sichtdominante des Eingangsbereiches.

Beim Betrachten der Hofseite der Fabrik von Familie Bestehorn wird deutlich, dass Heckner der Gestaltung dieser Seite genau so große Bedeutung beimaß wie der Gestaltung der Straßenseite.

Durch den von Heckner angeregten Straßendurchbruch vom Holzmarkt zur Herrenbreite entstand die Poststraße (heute Hecknerstraße). 1909 wurden die Häuser Poststraße 3 und 1 und 1910 das Haus Poststraße 2 errichtet.

3

Verkehr, Handel, Handwerk und Industrie

Der 10. Oktober 1865 ist für Aschersleben ein historischer Tag: Die Stadt wurde an das deutsche Eisenbahnnetz angebunden, was zu großem wirtschaftlichen Aufschwung führte. Zur gleichen Zeit wurde der Bahnhof fertig gestellt und dem Publikumsverkehr übergeben. In den folgenden Jahrzehnten entwickelte sich Aschersleben zu einem Eisenbahnknotenpunkt. 1915 posieren stolze Eisenbahner mit einer Lokomotive vor dem Bahnhofsgebäude.

Im Mai 1889 wurde mit dem Bau eines neuen Postamtes an der Herrenbreite begonnen und 1891 konnte es in Dienst gestellt werden. Die Gesamtkosten betrugen fast 200.000 Mark. Das neue Postgebäude wurde zu einer Zierde und bald auch, besonders durch die Turmkuppel, zu einem Wahrzeichen unserer Heimatstadt.

Am 25. August 1887 konnte offiziell die erste Stadtfernsprechanlage mit 32 Anschlüssen in Betrieb genommen werden. Sie war jedoch nicht die erste in unserer Stadt. Schon im Jahre 1880 ließ die Firma Ramdohr eine private Telefonanlage zwischen ihren Geschäftsräumen am Markt und ihrem Bahnspeicher in der Oststraße anlegen. Die Telefonapparate sind heute im Städtischen Museum zu besichtigen.

1913 richtete die Stadt Aschersleben eine Automobilverbindung zwischen Aschersleben und Stangerode ein, welche den täglichen Personen- und Güterverkehr von Aschersleben über Westdorf, Welbsleben, Quenstedt, Sylda, Harkerode und Alterode nach Stangerode gewährleistete. Dazu hatte sich die Aschersleben-Stangeröder Automobilverbindung GmbH (ASTA) gegründet. Die Bilder zeigen die Haltestelle „Gasthof zum braunen Hirsch“ in Aschersleben und die Haltestelle „Gasthof zur Krone“ in Alterode.

Der erste Bus der ASTA 1913 war ein Büsing.

1934 bis 1944 befuhr dieser rote Postbus die Linien der ASTA.

Das Mühlengewerbe hat in Aschersleben eine große Tradition. Die Aschersleber Grafen waren Lehnsherren der Vordermühle. Ihre älteste urkundliche Erwähnung datiert aus dem Jahre 1317. Sie wurde in einem Schreiben der letzten Aschersleber Gräfin Elisabeth als die Mühle „... im Westen der Stadt ...", genannt Zu dem Worde, bezeichnet. 1895 wurde Paul Gneist der Eigentümer. Nach ihm wurde sie häufig Gneist'sche Mühle genannt. 1927 wurde die Stadt Eigentümer und 1928 wurde sie „... zur Durchführung der Straßenregulierung im Vogelgesang" abgebrochen.

Das Zisterzienser Nonnenkloster hatte eine eigene Mühle, die Klostermühle. Obwohl die erste urkundliche Erwähnung aus dem Jahre 1510 stammt, muss die Mühle jedoch noch viel älter sein. Nachdem das Kloster aufgehört hatte zu existieren, hatte der Rat der Stadt Aschersleben die Mühle käuflich erworben und verpachtet. Die Partie am Mühlgraben hieß wegen ihrer Idylle im Volksmund Klein-Venedig.

An der Phase des industriellen Wachstums und der damit verbundenen Expansion der Industrie und der Stadt Aschersleben hat Wilhelm Schmidt (geb. 18.2.1858 in Wegeleben) besonderen Anteil. In allen Industriestaaten wurde er bekannt und geschätzt als „Heißdampf-Schmidt", denn er erfand den nach ihm benannten Überhitzer, der 1897 im Lokomotivbau eingeführt wurde. Von 1895 bis 1899 wirkte er in unserer Stadt. Am 16. Februar 1924, zwei Tage vor seinem 66. Geburtstag, starb dieser großartige Techniker und Mensch in den Bethelschen Anstalten.

Als die Nachfrage nach Heißdampfmaschinen immer mehr stieg, wurde 1898 mit Hilfe von Banken eine Aktiengesellschaft mit einem Grundkapital von vier Millionen Mark gegründet. Als Firmenname wurde Aschersleben Maschinenbau AG, vorm. W. Schmidt u. Co. (AMA) gewählt. An der Wilslebener Straße entstand, wie die örtliche Presse damals schrieb, „... die größte Maschinenbauanlage Deutschlands ...".

Telegramm-Adresse
LAPP, ASCHERSLEBEN.
Telephon No 45.

Heinrich Lapp

GEGRÜNDET 1888.

Aktiengesellschaft für Tiefbohrungen

AUSFÜHRUNG
VON
TIEFBOHRUNGEN
für alle Zwecke
bis 1m. Durchmesser
unter Garantie für Erreichung
grösster Tiefen.

Tiefbohrwerkzeuge
Fabrik.

BIS MITTE 1903.
über 450 Tiefbohrungen ausgeführt!
Von diesen erreichten:

SALZDETFURTH II	1410 m	TIEFE
BURGWENDEN	1333 m	"
KÖNIGSDAHLUM	1172 m	"
WEHMINGEN II	1153 m	"
EMMERKE	1137 m	"
REIMSWALDAU	1130 m	"
LÜTHORST II	1103 m	"
ZÖRNITZ	1053 m	"
INOWRAZLAW I	1003 m	"
BOERNECKE I	1003 m	"
LÜTHORST I	1002 m	"
FREDEN I	1001 m	"
SEBEXEN	1001 m	"
SORSUM I	1000 m	"
DEHNSEN I	918 m	"
HARDEGSEN	887 m	"
DEHNSEN II	875 m	"
OTHFRESEN	852 m	"
ASCHERSLEBEN	838 m	"
GÜNTERSEN	820 m	"
UMMENDORF II	805 m	"
SCHOCHWITZ	802 m	"
SEHLEM	800 m	"

Diamantbohrungen
unter Garantie für Kerngewinnung
PATENT LAPP
patentirt in: DEUTSCHLAND, OESTERREICH-UNGARN, FRANKREICH, RUSSLAND, ENGLAND, AMERIKA, CANADA.

Meisselbohrungen
nach neuester Arbeitsmethode
PATENT LAPP
patentirt in: DEUTSCHLAND, OESTERREICH-UNGARN, FRANKREICH, RUSSLAND, ENGLAND, AMERIKA, CANADA.

Kr. Aschersleben, den 14. April 1904.
PROVINZ SACHSEN

Betrifft: Fristverlängerung für Dampfkessel

Eingegangen
14 APR. 1904
ASCHERSLEBEN

An die Polizeiverwaltung

Mit dem Aufschwung der deutschen Industrie in der zweiten Hälfte des 19. Jahrhunderts war der Bedarf an Kohle, Erzen, Salz und Wasser so stark gestiegen, dass ihn die bisher fördernden Bergwerke nicht mehr decken konnten. Die Zeichen der Zeit erkennend, ließ sich der Ingenieur Heinrich Lapp in Aschersleben nieder und gründete 1888 die Heinrich Lapp AG für die Ausführung von Tiefbohrungen.

Die Bohrungen der Heinrich Lapp AG trugen dazu bei, die unterirdischen Schätze unserer engeren Heimat zu erschließen. Auf dem Bild ist eine Bohranlage der Heinrich Lapp AG in der Aschersleber Gemarkung zu sehen.

In der Werkstatt in der Lindenstraße wurden alle zur Tiefbohrung notwendigen Maschinen, Geräte und Werkzeuge hergestellt. Das Bild zeigt das Hammerwerk.

Der Not der Zeit gehorchend hat auch die Stadt Aschersleben während des Ersten Weltkriegs und in den Jahren danach Notgeld und Gutscheine ausgegeben.

Im Laufe der Zeit hatten sich die Sammler des Notgeldes angenommen. Die Herausgabe von neuem Notgeld erfolgte nicht mehr aus wirtschaftlichen Gründen, sondern diente lediglich der Befriedigung der Sammler. Vom 8. bis 10. Oktober 1921 fand in der Turnhalle der Knabenmittelschule (heute Lübenschule) die Harzer Notgeldausstellung statt. Auf dem Bild links Paul Koch und rechts Udo Bein.

Ansicht der Firma „KA-BE"-Verlag Paul Koch GmbH am Johannisplatz im Jahre 1936.

Die dargestellte Werbepostkarte der Paul Koch GmbH zeigt Briefmarkenalben, die im „KA-BE"-Verlag hergestellt wurden.

Bürgermeister Dr. Bunde hat sich sehr um die Sauberkeit in der Stadt gekümmert. In seinem am 4. Juli 1911 erarbeiteten „Vorschlag zur Regelung des Müllabfuhrwesens in Aschersleben" heißt es u. a. unter Punkt 2: „Das System der Müllbeseitigung durch Verwendung von Kübeln und staubfrei schließenden Sammelwagen ist in Anwendung zu bringen. Vorgeschlagen werden Kübel von 125 Liter Inhalt und Wagen System Schäfer – Cassel." Auf den Bildern sieht man zwei „Casseler Müllwagen", die in Aschersleben genutzt wurden.

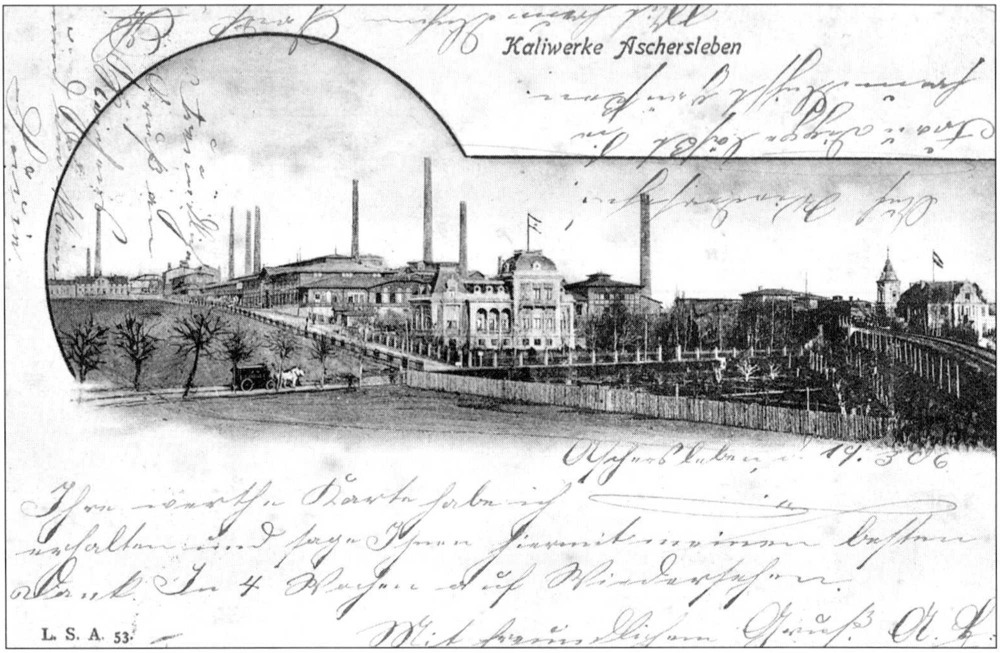

1878 wurde mit dem Abteufen des ersten Kalischachtes am Rande der Stadt Aschersleben begonnen. Zur Verarbeitung wurde auf dem Gelände des Schachtes 1882 ein Kaliwerk errichtet. Der Ingenieur Schmidtmann übernahm die Leitung des Kaliwerkes und wandelte es 1889 in eine Aktiengesellschaft um. Es war eine der bedeutendsten Industrieanlagen der Stadt.

Schacht I in Klein Schierstedt.

Arbeit der Kumpel im Schacht unter Tage.

Gruppenfoto stolzer Bergleute in Uniform.

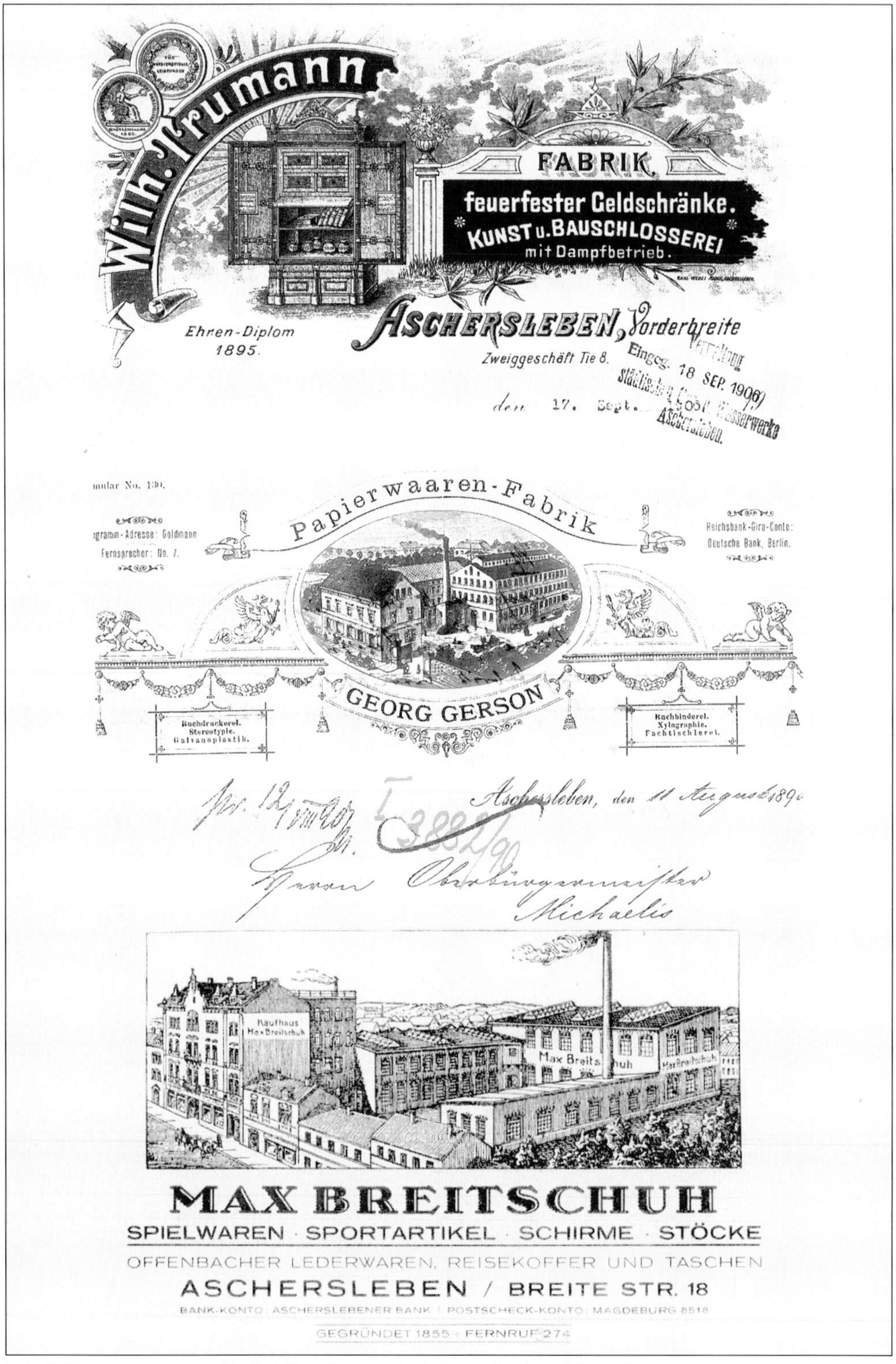

Die Bildmontage zeigt die Briefköpfe von drei alten Aschersleber Firmen.

Am 15. April 1857 ließen sich der Maschinenmeister Heinrich Billeter und der Schmiedemeister Wilhelm Klunz in Aschersleben nieder und gründeten eine Maschinenbauanstalt. Das erste Gebäude entstand an der Ecke Magdeburger Straße/Hinter dem Zoll.

Blick in eine Werkhalle, um 1935.

Die Seifenfabrikation hat in Aschersleben eine lange Tradition. Schon 1847 gründete sich die Seifenfabrik D. Chr. Kuntze.

Die Familie Maerker unterhielt in der Breiten Straße und am Weinberg Fabrikations- und Geschäftsräume. Gegründet wurde die Firma H. Maerker Dampf-Seifen-Fabrik 1872.

Firma H. Maerker Dampf-Seifen-Fabrik

Gegründet 1872
Fernruf № 82

Jnhaber: Willy Maerker

Elfenbein-Seife
Specialitäten
KAMERUN-SEIFE

Bank-Konto-
Magdeburger-Bank-Verein
Filiale Aschersleben.
Aschersleben Bank
Gerson. Kohen & Co.
Postschekkonto Berlin No 5307.

Aschersleben, den 16. Juli 1913.
Weinberg 11/13.

Rechnung für Herrn C. Lucas, Etgersleben.

Erfüllungsort: Aschersleben Ziel 2 Monat oder Casse 1½% Sconto.

1898 ließ sich Robert Thieme in Aschersleben mit einer Kupferschmiede nieder. Die repräsentativen Gebäude der Firma in der Heinrichstraße erbaute 1927 Dr. Heckner.

Dieses Bild zeigt einen Teil der Maschinenhalle der Firma Thieme.

4

Bildung, Kultur und Politik

Die älteste Schule Ascherslebens, das Stephaneum, wurde erstmals 1325 als Lateinschule genannt. Sie befand sich auf dem Stephanikirchhof. Mitte des 19. Jahrhunderts bestand das Bedürfnis nach einem größeren Schulgebäude. Als Standort wurde ein Teil des alten Friedhofes nahe dem Klosterhof gewählt und am 9. Januar 1875 konnte das neue Schulgebäude feierlich eingeweiht werden.

Die steigende Zahl schulpflichtiger Kinder machte 1907 die Inbetriebnahme einer neuen Schule, der Stephanischule am Apothekergraben, notwendig.

Die Holzmarktschule wurde am 8. August 1853 als Bürger-Mädchen-Schule in den Dienst gestellt. Später wurde dieser Schulbau als Beamtenseminar genutzt.

Eine seltene dreiteilige Faltansichtskarte mit Gruppenbild zur Erinnerung an das Bergfest an der Beamtenschule im Oktober 1912.

Ende des 19. Jahrhunderts begannen die Altertumssammler Dahle und Dr. Gründler mit dem Zusammentragen und der Zurschaustellung von Bodenfunden aus unserer näheren Heimat. Es entstand eine kleine Sammlung, die im Rathaus besichtigt werden konnte. 1908 wurde im damaligen Stephaneum das erste Museum eröffnet. In den 30er-Jahren des vorigen Jahrhunderts kam es zu einer sehr fruchtbaren Zeit durch die Arbeit der Förderer des Museums Stadtbaurat Dr. Heckner, Direktor Lederbogen und Prof. Dr. M. Schmidt. Erst seit 1951 befindet sich das Städtische Museum im Logengebäude Markt 21. Das Bild zeigt den Aufbau eines Mammutzahnes im Museum.

Das Biedermeierzimmer im Städtischen Museum.

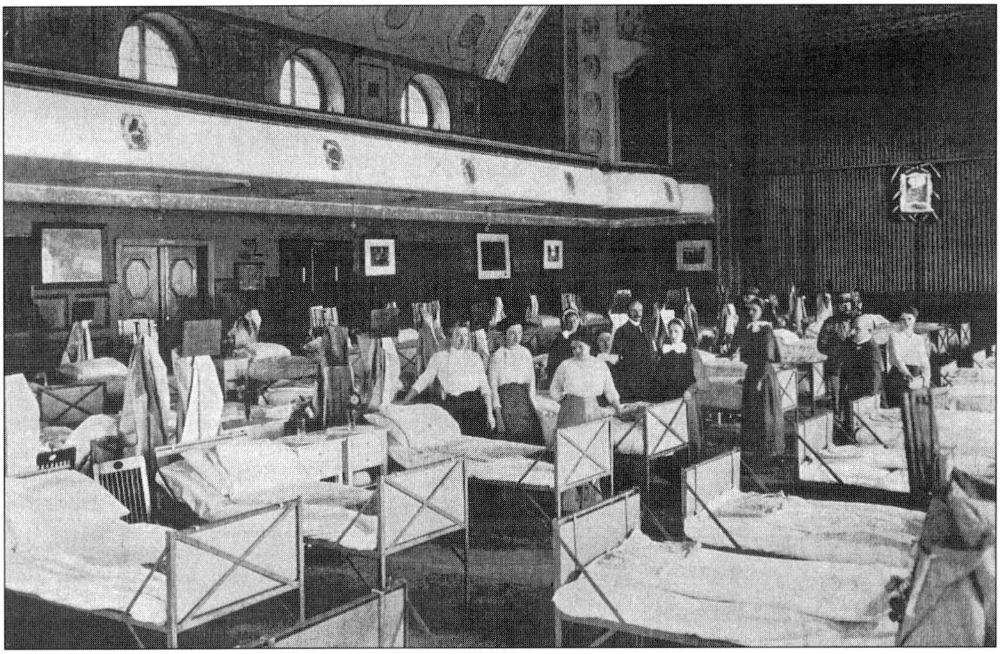

Während des Ersten Weltkrieges waren die Lazarette durch die vielen Verwundeten überfüllt. Es mussten Hilfs- und Reservelazarette in Sporthallen und sonstigen Sälen eingerichtet werden. Der Festsaal des Bestehornhauses, der eigentlich für Tanz und Theater geschaffen war, diente zu der Zeit als Reservelazarett I.

Für die Soldaten an der Front, die die Weihnachtsfeiertage fern ihrer Familien weilten, wurden auch 1915 liebevoll Pakete mit kleinen Aufmerksamkeiten und Leckereien verpackt.

Gruppenfoto einer gemischten Schulklasse aus dem Jahre 1921.

Eine Hochzeitsgruppe aus den 30er-Jahren des 20. Jahrhunderts.

5

Sport, Spiel und Vereinsleben

Unterhalb der Spittelsberge, also im Tal der Eine, wurde 1919/20 ein Gondelteich im Rahmen von Notstandsarbeiten angelegt. Der Teich hat eine Größe von zirka einem Hektar Wasserfläche.

Die Schützen-Corporation Aschersleben widmete 1913/14 dem Herrn Oberschützenmeister Otto Pankrath dieses Erinnerungsblatt.

Gruppenbild des Schützenvereins um 1920.

Die Mitglieder des Turnvereins bei einer Ausfahrt im Jahre 1901.

Die Fußballmannschaft des Aschersleben Sport-Clubs 1898 (ASC) anlässlich eines Spiels in Klosterlausitz/Thüringen gegen den Fußballverein Rückmarsdorf zu Pfingsten 1922.

Eine Theatergruppe präsentiert sich nach der Aufführung von Wilhelm Tell 1905 dem Fotografen für ein Erinnerungsfoto.

Anfang des 20. Jahrhunderts fand der Freizeitsport großen Zuspruch. 1906 wurde an der Schillerstraße das Stadtbad der Öffentlichkeit übergeben.

Sehr bekannt und beliebt bei den Aschersleber Wasserratten war viele Jahrzehnte das Freibad in der Tonkuhle an der Hecklinger Straße. Dieses Bad war viele Jahre Heimat des 1906 gegründeten Schwimm-Club Aschersleben e. V. (SCA).

Beim 20. Stiftungsfest des Vel.-Club 82 Burg (Vel. = veloziped, lat.-frz.: Fahrrad) am 6. Juli 1902 erwarb der Radfahrer-Verein Sturmvogel Aschersleben den Ehrenpreis der Stadt Burg.

Früher war die Herrenbreite nur eine große Rasenfläche ohne gepflasterte Wege. Seit 1871 fanden hier die alljährlichen Feiern des Sedantages mit großer Publikumsbeteiligung statt. Die Bilder zeigen das Sedanfest um 1920.

Im Juli 1906 unterbreiteten die Brüder Otto und Richard Bestehorn der Stadtverordneten-Versammlung den Vorschlag, im Rahmen einer Stiftung auf der Herrenbreite eine Musikhalle bauen zu lassen. Der Entwurf stammt von Prof. Wrba. Die Stadtverordneten nahmen auf ihrer Sitzung am 26. Oktober 1906 den Vorschlag an. Im April 1907 begannen die Bauarbeiten und am 18. Juli des gleichen Jahres wurde die Musikhalle der Stadt übergeben.

Vom 20. bis 22. Juni 1908 fand in Aschersleben das Gauturnfest des Elb-Saale Gaues statt. Auf der Herrenbreite konnte man den Massenturnübungen beiwohnen.

Am 8. und 9. Juni 1890 fand die XVII. Generalversammlung des Provinzial-Vereins ehemaliger Jäger und Schützen in Aschersleben statt. Es handelte sich dabei nicht um einen sportlichen Jagd- oder Schützen-, sondern um einen militärischen Verein.

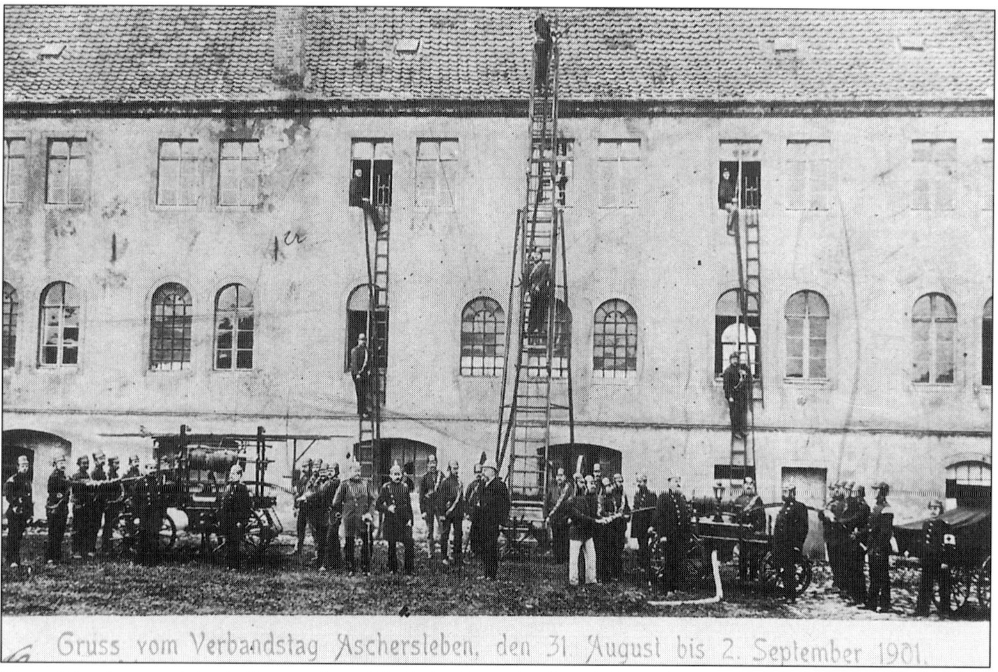

Vom 31. August bis 2. September 1901 fand in Aschersleben der Verbandstag der Feuerwehr statt. Aus diesem Anlass präsentierte sich die Feuerwehr der Stadt Aschersleben vor dem ehemaligen Gebäude der Zuckerfabrik in der Lindenstraße.

Vom 19. bis 21. August 1933 fanden in Aschersleben im Bestehornhaus der 39. Deutsche Philatelistentag und der 10. Bundestag des Bundes Deutscher Philatelisten-Verbände im In- und Ausland e. V. statt. Dazu veranstaltete der Briefmarkensammler-Verein Aschersleben eine Ausstellung im Bestehornhaus. Das Bild gestattet einen Blick in den Ausstellungssaal und zeigt die Ausstellungsobjekte.

Sonderganzsache, Stempel und Sonderstempel für die Briefmarkenausstellung Aschersleben 1933 mit Hinweis auf den 39. Deutschen Philatelistentag und den 10. Bundestag des Bundes Deutscher Philatelisten-Verbände.

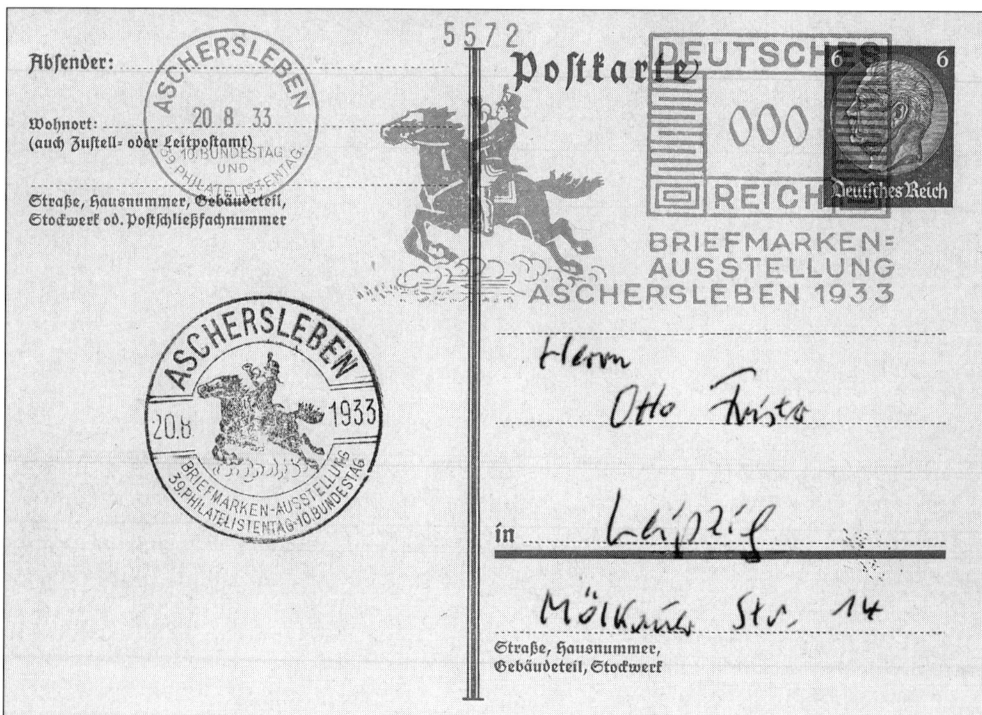

Werbekarte der USPD für die Maifeier 1919.

Das Bundessängerfest des Sängerbundes an der Saale fand am 12. und 13. August 1933 in Aschersleben statt. Wie der sehr seltenen Karte zu entnehmen ist, stand es unter der Losung „Grüss Gott mit hellem Klang Heil Deutschem Wort und Sang".

Das Gemälde von K. Wächter zeigt die Beschaulichkeit und Schönheit der einstigen alten Straße Düsteres Tor. Leider fiel auch dieses Stück Alt-Aschersleben dem Abriss zum Opfer.

Epilog

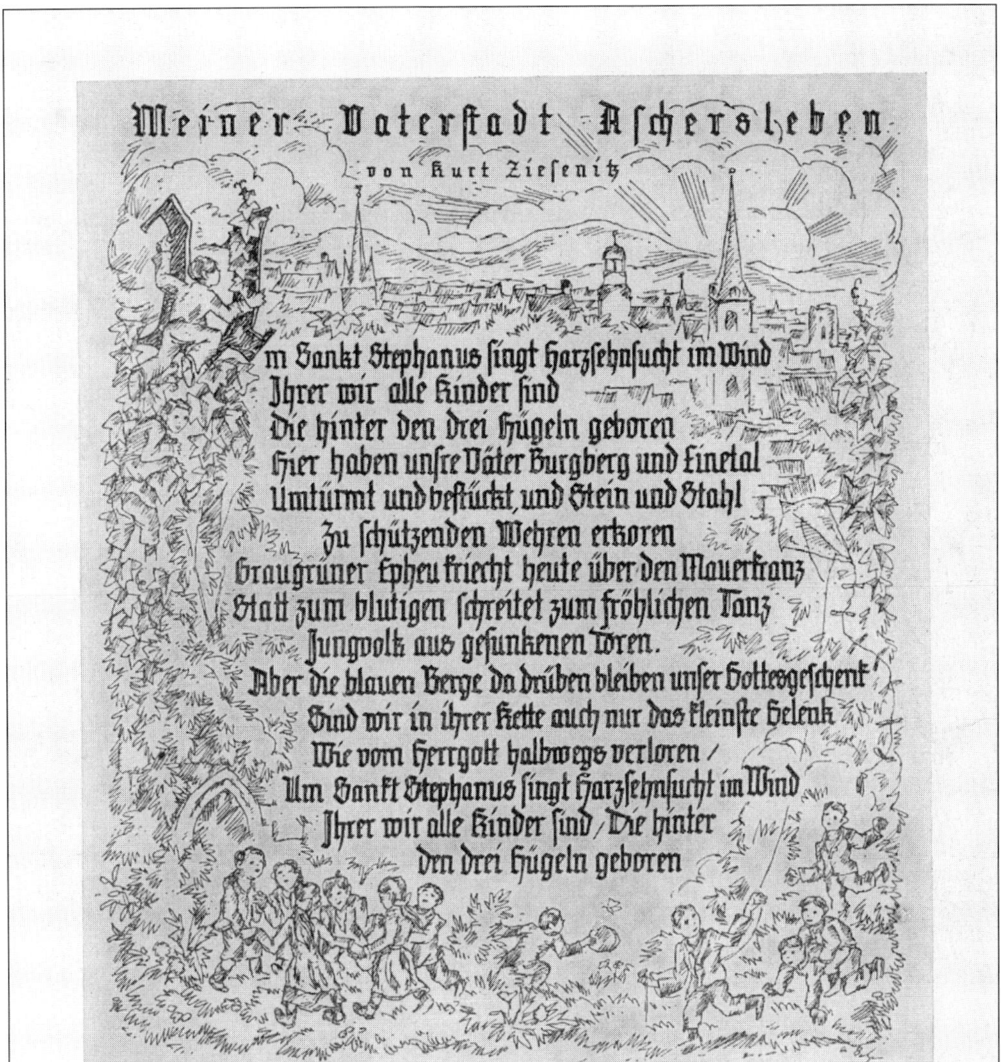

Heimatgedicht von Kurt Ziesenitz.

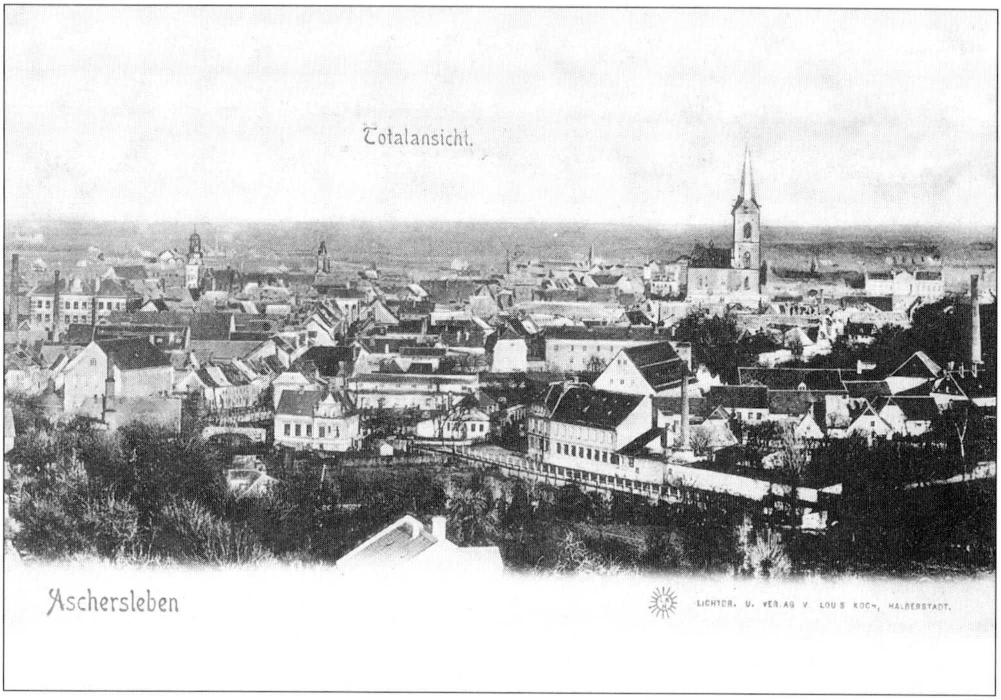

Abschied von der schönen alten und ehrwürdigen Stadt Aschersleben und dem romantischen Einetal.

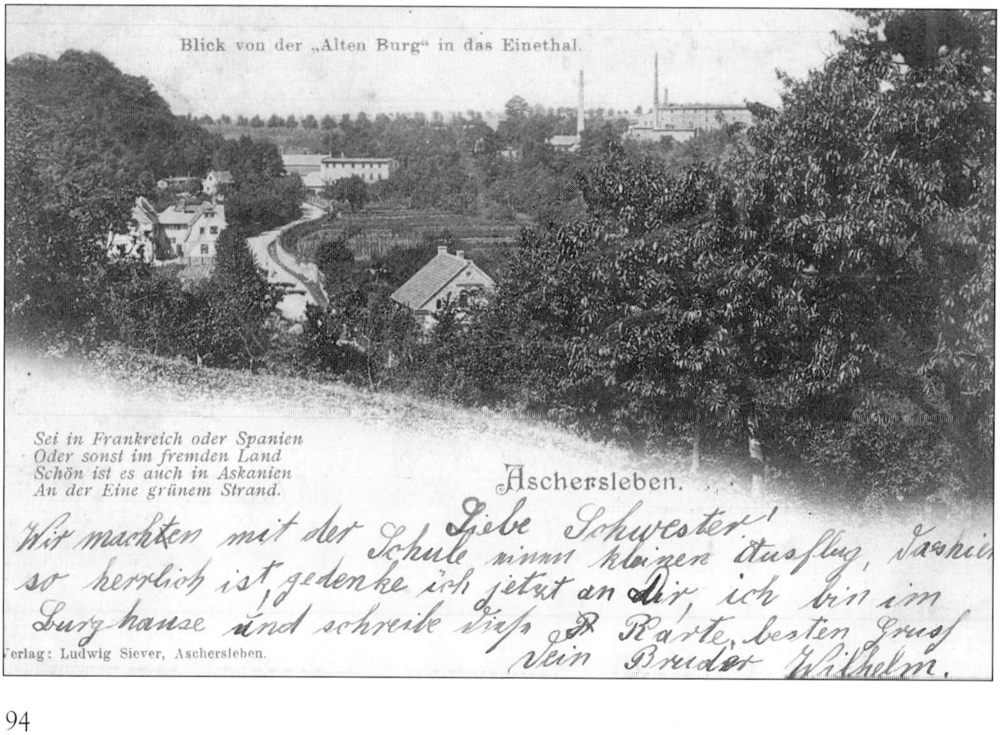

Grüße aus Aschersleben zum neuen Jahr. Wir laden Sie herzlichst ein, im neuen Jahr unser Gast zu sein!

Diese
Bücher aus
Ihrer Region sind
im Handel erhältlich:

Sutton Verlag

BÜCHER AUS IHRER REGION

Eisleben 1860-1960

Peter Lindner

3-89702-489-6 | 17,90 € [D]

Halberstadt

Werner Hartmann

3-89702-222-2 | 16,90 € [D]

Zeitsprünge **Halberstadt**

Werner Hartmann

3-89702-471-3 | 17,90 € [D]

Quedlinburg

Manfred Mittelstaedt

3-89702-560-4 | 17,90 € [D]

Sangerhausen 1949-1989

Monika Frohriep

3-89702-706-2 | 17,90 € [D]

SUTTON VERLAG